Lavendel

LAVANDULA ANGUSTIFOLIA

WOHLTUENDES AUS DER NATUR

tosa

Inhalt

Vorwort

Dank seiner tiefblauen Farbe und seines harmonischen Aromas ist der Lavendel eine faszinierende Augenweide sowie ein echter Nasenschmeichler. Vielen gilt er zudem als Inbegriff des Sommers – und wer einmal die magische Anziehungskraft der weiten, in schönstem Lila leuchtenden Lavendelfelder im Süden Frankreichs mit ihrem wundervollen Duft erlebt hat, weiß warum. Kein Wunder also, dass der französische Schriftsteller Jean Giono (1895–1970) Lavendel als „die Seele der Provence" bezeichnet hat.

Aber auch ganz generell scheint diese blaue Blume eine besondere Faszination auf Poeten auszuüben. So beschrieb der englische Dichter und Naturmystiker William Blake (1757–1827) sie mit den folgenden Worten: „Du spürst, wie die Blumen

ihre köstlichen Düfte versenden und grübelst, wie aus so winzigem Ort dieser Duftstrom mag kommen und begreifst, dass in solcher Mitte die Ewigkeit ihre unvergänglichen Tore öffnet."

Doch Lavendel ist nicht nur eine echte „Seelenpflanze", die uns im Innersten berührt, sondern lässt sich darüber hinaus auf vielfältige Weise für heilwirksame, kulinarische und dekorative Zwecke einsetzen. Die zahlreichen Beispiele in diesem Büchlein zeigen Ihnen, wie Sie von den Vorzügen des Lavendels profitieren können – viel Freude dabei!

Steckbrief

Wissenschaftlicher Name:
Lavandula angustifolia oder *L. officinalis*

Volksnamen:
Balsam, Lavander, Flander, Hirnkraut, kleiner Speik, Narden, Nervenkraut, Schwindelkraut, Tabaksblüten, Römischer Thymian, Bettstroh

Familie:
Lippenblütler *(Lamiaceae)*

Verwendete Pflanzenteile:
Blüten (überwiegend), Blätter (seltener)

Erntezeit:
Juni bis August

Die wichtigsten Inhaltsstoffe:
Lavandulol, Geraniol, Nerol, Borneol, Cineol, Linalylacetat, Linalool, ätherisches Öl, Saponine, Kampfer, Harz, Gerbstoffe, Cumarin, Ursolsäure, Flavonoide

Medizinische Anwendung:
beruhigend, schlaffördernd, krampflösend, durchblutungsfördernd, leicht galletreibend, antibakteriell und antifungal

Planetenzugehörigkeit:
Merkur verleiht dem Lavendel seine kreativen, intuitiven und ausgleichenden Eigenschaften. Die Sonne schenkt ihm ihre lächelnde und stärkende Kraft.

Einleitung

Bereits seit Jahrtausenden nutzen wir Menschen den Lavendel wegen seines feinen Duftes und der heilkräftigen Inhaltsstoffe. Die alten Ägypter verwendeten ihn zum Einbalsamieren ihrer Toten, während die Griechen, Römer und Perser der Antike „Lavandula“ als Medizin und „Mutmachkraut“ schätzten. Auf den Feldzügen der römischen Soldaten kam er beispielsweise zur Wunddesinfektion und zur Beruhigung kurz vor einer Schlacht zum Einsatz.

Darüber hinaus erfreute sich der Lavendel im Römischen Kaiserreich bei der Reinigung von Körper und Kleidung großer Beliebtheit, was auch den Namen der Pflanze erklärt, der sich vom lateinischen Wort „lavare" (= waschen) ableitet. Zwar wusste man zu dieser Zeit noch nichts von Wellness, aber Lebensgenuss und Wohlbefinden standen hoch im Kurs – und ein Lavendelbad lässt (damals wie heute) alle Hektik, allen Stress und alle Sorgen vergessen. Zu diesem Zweck wurde das Wasser mit Lavendelabsud parfümiert.

Wir verdanken den Lavendel übrigens den Benediktinermönchen, die den robusten Halbstrauch einst über die Alpen brachten, wo man seinen Nutzen ebenfalls rasch erkannte und er Einzug in die Klostergärten in ganz Europa fand. Hildegard von Bingen (1098–1179) beispielsweise schätzte die hervorragende medizinische Wirkung und den balsamischen Duft. Sie nutzte ihn bei Brust- und Lungenleiden sowie

als Tonikum für die Leber. Lavendel sah sie zudem als „Muttergottespflanze“ zur Dämpfung unkeuscher Gedanken und Gelüste. Der berühmte Arzt Paracelsus (1493 oder 1494–1541) verabreichte Lavendel als Beruhigungsmittel sowie zur Behandlung von Herz- und Verdauungsbeschwerden. Darüber hinaus verwendete man das Heilkraut im Mittelalter bei Leber- und Milzkrankheiten, Zahnproblemen sowie als Desinfektionsmittel beziehungsweise Seuchenschutz (siehe auch „Vier-Räuber-Essig“, Seite 48). Denn zu dieser Zeit entdeckte man, dass Lavendelpflücker nicht an Tuberkulose erkrankten.

Im Volksglauben schützte der Lavendel vor bösen Geistern und hielt Unheil fern. Er half angeblich gegen Liebeskummer und machte widerborstige Ehemänner gefügig. Große Berühmtheit erlangte der Lavendel zur Zeit der Duftwässerchen, Parfüms und Riechfläschchen, da sein ätherisches Öl die Grundlage für deren Herstellung bildete. So ist es beispielsweise auch im berühmten „4711 – Echt Kölnisch Wasser“ enthalten, das Ende des 18. Jahrhunderts in der Kölner

Glockengasse kreiert wurde. Ursprünglich wurde es vor allem innerlich angewandt. Jedoch erließ Napoleon bei der Eroberung Kölns ein Dekret, das die Veröffentlichung aller pharmazeutischer Rezepturen forderte. Deshalb wurde das Duftwasser fortan (um das Geheimrezept zu bewahren) nur noch äußerlich als „Aroma-Therapeutikum" eingesetzt – bis heute.

Dass seine sanfte und gleichzeitig zuverlässige Wirkung in der Heilkunde nach wie vor einen hohen Stellenwert hat, belegt auch die Ernennung des Lavendels zur Arzneipflanze 2020, mit der die Bedeutung der jeweiligen Pflanze in der Medizin sowie ihre pharmazeutische Nutzung hervorgehoben werden soll.

Vorkommen

Die Ursprünge des Lavendels werden in Persien vermutet, also dem heutigen Iran. Von dort aus verbreitete er sich im gesamten Mittelmeerraum, insbesondere in den südeuropäischen Mittelmeerländern, wo er sowohl wild als auch kultiviert wächst. Dabei gelten der Echte Lavendel *(Lavandula angustifolia)*, der Schopflavendel *(Lavandula stoechas)* und der Speiklavendel *(Lavandula latifolia)* als die „Stammarten", aus denen die zahlreichen heute anzutreffenden Arten und Sorten im Laufe der Zeit gezüchtet wurden.

Lavandula angustifolia

Lavandula stoechas

Lavandula latifolia

Der Echte Lavendel bevorzugt Höhen zwischen 600 und 1600 Metern, weshalb er mitunter als Berglavendel bezeichnet wird. Der eher am westlichen Mittelmeer anzutreffende Speiklavendel gedeiht dagegen in etwas tieferen Lagen. Er zeichnet sich durch seinen deutlich größeren Wuchs aus. In Südfrankreich stößt man immer häufiger auch auf Lavandin *(Lavandula x intermedia)*, der hauptsächlich zur Gewinnung von Duftstoffen und ätherischen Ölen kultiviert wird. Dabei handelt es sich um eine Kreuzung zwischen Echtem Lavendel und Speicklavendel. Der Schopflavendel kommt natürlich vor allem in den Küstenregionen Südwesteuropas vor, ist darüber hinaus aber auch weiter südlich im nördlichen Afrika und auf den Kanarischen Inseln zu finden. Er hebt sich durch seine großen, meist kräftig gefärbten Blätter an der Spitze des ährenförmigen Blütenstandes (Schopf) von den beiden anderen Arten

ab, weshalb er besonders als Zierpflanze beliebt ist.

Alle Lavendelsorten gedeihen am besten an einem möglichst vollsonnigen Standort mit kargem, trockenem beziehungsweise durchlässigem Boden. In unseren Breiten ist Lavendel kultiviert in Gärten sowie Parks zu finden und – mit Ausnahme des Schopflavendels – bedingt winterhart (in kälteren Regionen benötigt er zusätzlichen Schutz).

Beschreibung

Beim Lavendel handelt es sich um einen buschigen, mehrjährigen Halbstrauch mit kissenförmigem, aufrechtem Wuchs und stark verzweigten Ästen. Kultiviert erreicht er in der Regel eine Höhe von 20 bis 60 cm. Charakteristisch sind der hohe Gehalt an ätherischen Ölen und der vierkantige Stängel.

Die Zweige setzen sich meist aus mehreren Stängeln zusammen. Die stets gegenständigen Blätter sind schmal-lanzettlich, bis zu 4 cm lang und ungefähr 5 mm breit, mit einem umgerollten Rand. Dies soll die Verdunstungsfläche möglichst gering halten und die Sonnenstrahlen reflektieren.

Die Farbe der Blätter ist graufilzig und sie sind besonders auf der unteren Seite behaart. Die Unterseite ist zudem heller als die obere Blattseite.

Die violetten Blüten am Ende der Zweige sind dicht an dicht gereiht und stehen in ährig angeordneten Scheinquirlen. Die Blüten wirken insgesamt stufenförmig. Die Blütezeit ist von Juni bis August.

Ernte und Aufbewahrung

Wollen Sie den Lavendel als Nutzpflanze, also als Küchenkraut beziehungsweise Heilpflanze, verwenden, achten Sie darauf, dass es sich dabei um den Echten Lavendel *(Lavandula angustifolia/Lavandula officinalis)* handelt. Sein ätherisches Öl ist besonders hochwertig.

Bedenken Sie auch, dass sich je nach Verwendung ein anderer Erntezeitpunkt ergibt: Das intensivste Aroma und die höchste Wirksamkeit entfaltet der Lavendel zu Beginn der Blüte, also wenn die ersten Blüten auf der Rispe gerade offen, die anderen aber noch geschlossen sind. Für die Küche ernten Sie Lavendel hingegen später, kurz bevor die Blüten verblüht sind. Dann ist das Aroma milder und süßer.

Nutzen Sie einen sonnigen Tag zur Ernte und warten Sie, bis die morgendliche Feuchtigkeit abgetrocknet (sonst

schimmelt der Lavendel beim Trocknen), die größte Hitze aber noch nicht erreicht ist (dann verflüchtigen sich die ätherischen Öle zunehmend).

Am besten schneiden Sie die Triebe ca. 10 cm unterhalb der Blüte ab. So können Sie sie bequem zu kleinen Sträußchen bündeln (am besten mit einem Gummiband, da die Stängel schrumpfen) und erledigen gleichzeitig den nötigen Rückschnitt. Zum Trocknen hängen Sie die Sträußchen kopfüber an einem warmen, trocknen Ort mit möglichst geringer Sonneneinstrahlung auf. Alternativ können Sie die einzelnen Stängel auch nebeneinander auf ein Gitter legen.

Verwendungsmöglichkeiten

Der aromatisch duftende Lavendel ist eine äußerst vielseitige Zier-, Nutz- und Heilpflanze, die sich zu Recht seit alters her hoher Beliebtheit erfreut, die bis heute ungebrochen ist.

Lavendel als Zierpflanze

Mit seinen blau-violetten Blüten bereichert er als Beeteinfassung oder Pflanzstreifen sowie in dekorativen Kübeln und Töpfen zahlreiche Gärten und sorgt für ein mediterranes Flair. Zudem finden die Blüten und Zweige als schmückende Deko im Haus Verwendung (siehe auch Seite 62).

Lavendel als Duftpflanze

Zwar hat der Lavendel als Duftstoff im Vergleich zu seiner „Blütezeit“ an Bedeutung verloren, nichtsdestotrotz spielt er in diesem Bereich nach wie vor eine wichtige Rolle – und das nicht nur bei der Parfümherstellung. Auch zahlreichen anderen Produkten, von Seifen und Badezusätzen über Massage- und Aromatherapieölen bis hin zu Schokolade und vielen weiteren Lebensmitteln, verleiht er sein wunderbares Aroma. Übrigens: Die beliebten Duftsäckchen (die sich mit ein wenig näherischem Geschick auch gut selbst herstellen lassen), verleihen der Wäsche nicht nur einen angenehm frischen Duft, sondern halten auch Motten fern.

Lavendel als Küchenkraut

In der Küche wird der Lavendel mit seinem frisch-würzigen, leicht herben, bisweilen blumigen Geschmack ebenfalls sehr geschätzt. Er passt beispielsweise hervorragend zu Fleischgerichten und Soßen, verleiht Suppen, Salaten und Käse eine raffinierte Note und sorgt auch bei feinen Desserts für das gewisse Extra.

Hierbei können sowohl ganze Zweige als auch Blüten und Blätter – getrocknet oder frisch – zum Einsatz kommen. Bei Letzteren sollten Sie darauf achten, möglichst junge zu verwenden, da die älteren Blätter eher seifig schmecken. Aufgrund des intensiven Aromas sollten Sie bei der Dosierung generell sparsam sein.

Lavendel als Heilpflanze

Lavendel ist seit Jahrhunderten für seine Heilwirkung bekannt, sodass er früher in nahezu jedem mittelalterlichen Klostergarten und jedem Kräuterbuch zu finden war. Aber auch heute noch spielt er in der Naturheilkunde eine wichtige Rolle.

Innerlich angewandt kommt er u. a. bei folgenden Beschwerden zum Einsatz: Einschlafstörungen und Unruhezustände (Reizbarkeit und Nervosität, Stress, Übererregbarkeit, depressive Verstimmungen, nervöses Herzklopfen, nervöse Erschöpfung), Wetterfühligkeit, Migräne, Spannungskopfschmerzen, Schwindel sowie Verdauungsbeschwerden (Appetitlosigkeit, nervöse Darmbeschwerden, Krämpfe, Blähungen, Reizmagen, Reizdarm).

Zur äußerlichen Anwendung empfehlen sich ein Lavendelbad zur Entspannung und Stärkung des Nervensystems (Vollbad), die Inhalation bei Atemwegserkrankungen und Grippe sowie eine durchblutungsfördernde Einreibung mit Lavendelspiritus beziehungsweise -tinktur bei rheumatischen Beschwerden oder Neuralgien und bei Kopfschmerzen. Ätherisches Lavendelöl darf unverdünnt auf die Haut aufgetragen werden bei Verbrennungen, Sonnenbrand oder Insektenstichen. Bei kleinen Schnittverletzungen, Schürfwunden, Fuß- oder Nagelpilz, Akne, entzündlichen Hautausschlägen oder Aphthen ist es ebenfalls heilend und lindernd.

Große Bedeutung hat ätherisches Lavendelöl bei der Aromatherapie, insbesondere bei Nervosität, Einschlafstörungen, Migräne und Asthma.

Kräuterkissen und Lavendelölbrustkompressen sind ratsam zum Beruhigen, zur Förderung des Schlafes oder zum Lindern einer Erkältung. In Frankreich hängt man kleine Lavendelsträußchen über die Betten von unruhigen Säuglingen und Kindern.

Achtung!

Bei überempfindlichen Personen können aufgrund der Cumarinverbindungen Kopfschmerzen auftreten. Bei der innerlichen Anwendung kann es zudem zu Aufstoßen, Übelkeit oder Verstopfung kommen. Beim Auftragen auf die Haut können darüber hinaus allergische Reaktionen auftreten.

Lavendelblütentee

Vor dem Essen getrunken verbessert er den Appetit, nach dem Essen fördert er die Verdauung, lindert Blähungen und Krämpfe, am Abend wirkt er entspannend und beruhigend. Als Dampfinhalation angewendet, lindert er Erkältungsbeschwerden.

Zubereitung:

1. 1 bis 2 TL getrocknete Lavendelblüten mit 150 ml heißem Wasser überbrühen.
2. Den Tee 5 Minuten bedeckt ziehen lassen.

Lavendelspiritus

Lavendelspiritus ist entspannend, erfrischend und wohltuend an heißen Sommertagen. Verdünnt (1 EL auf 1 Glas Wasser) eignet er sich zum Einreiben von heißen Füßen, zum Erfrischen nach dem Bad oder als Einreibemittel bei Neuralgien.

Zubereitung:

1. 1 Teil frische Lavendelblüten mit 10 Teilen 38-prozentigem Korn ansetzen.
2. 4 Wochen in der Sonne ziehen lassen.

LAVENDELTINKTUR

Leiden Sie unter innerer Unruhe beziehungsweise Schlafproblemen? Dann empfiehlt sich die Einnahme von 20 bis 30 Tropfen dieser Tinktur in einem Glas Wasser. Bei Depressionen und Angstzuständen nehmen Sie 3-mal täglich bis zu 20 Tropfen in etwas Wasser ein. Die Bitterstoffe wirken entkrampfend und blähungsmindernd bei nervösen Magen- und Darmbeschwerden, Krämpfen, Übelkeit sowie Blähungen. Bei Appetitlosigkeit wirkt die Tinktur anregend. Zum Einreiben bei Migräne, Kopfschmerzen, Rheuma, Muskelkater, Akne, unreiner Haut und Entzündungen kann sie unverdünnt verwendet werden.

Zubereitung:

1. 1 bis 2 Handvoll frische Lavendelblüten mit ca. 250 ml Weingeist (70 %) aus der Apotheke ansetzen. Die Blüten sollen dabei vollkommen bedeckt sein.
2. Täglich schütteln oder umrühren und mindestens 3 bis 6 Wochen ziehen lassen.
3. Danach absieben und in Braunglasflaschen aufbewahren.

Lavendel-Minze-Elixier

Diese ungewöhnliche Provence-Mischung ergibt ein besonders gut schmeckendes „Verdauungströpfchen".

Zubereitung:

1. 20 frische Lavendelblütenstängel, 5 Zweige Minze und 30 g Verbene in eine Flasche geben.
2. 2 Stangen Zimt und 20 g gestoßene Fenchelfrüchte in ein Mullsäckchen füllen und ebenfalls in die Flasche geben.
3. Das Ganze mit 1 Liter Obstschnaps auffüllen und 2 Monate auf der Fensterbank reifen lassen, gelegentlich rütteln.
4. Schließlich abfiltern und mit 100 g weißem Kandiszucker süßen.

Lavendelöl

Zutaten:

3 bis 4 Lavendelblütenstängel, kurz angetrocknet

0,5 l hochwertiges Speiseöl

Zubereitung:

1. Die Lavendelstängel zum Basisöl geben.
2. Den Ansatz 2 bis 3 Wochen ziehen lassen.
3. Vor dem Gebrauch absieben.

Lavendel für die Frau

Duft und Farbe des Lavendels lösen eine angenehme Beschwingtheit aus und lassen uns von südlichen Gefilden träumen. Dabei spricht er vor allem Frauen an. Seine Wirkung, seine Ausstrahlung und Signatur haben etwas typisch Weibliches, was klinische Studien bestätigen. Doch leider haftet dem Lavendel auch etwas Altbackenes und Rückständiges an. Der früher hochgeschätzte Lavendelduft, der so manche Frau vor einer Ohnmacht bewahrt hat, entspricht nicht unserem Zeitgeist – ganz zu Unrecht, denn er ist der Inbegriff des Weiblichen, Fließenden, Öffnenden. So hilft er als Tee, Badezusatz, Wickel oder Kompresse bei

- fehlender Harmonie,
- prämenstruellem Syndrom,
- schmerzhafter Menstruation,
- während der Wechseljahre bei Herzklopfen, Schlaflosigkeit, Hitzewallungen.

Auch gab in früheren Zeiten ein Lavendelsäckchen in der Hand Kraft und Energie bei der Geburt.

Lavendelblütenwasser

Lavendelwasser wirkt ausgleichend, beruhigend und desinfizierend. Es eignet sich hervorragend zur Reinigung und Pflege von trockener, gereizter oder fettiger Haut.

Zubereitung:

1. 10 voll erblühte Lavendelblütenstängel in eine Flasche geben und mit 250 ml gutem (Quell-)Wasser übergießen.
2. Den Ansatz tagsüber gut verschlossen in die Sonne stellen.
3. Abends die Blütenstängel entfernen. Im Kühlschrank aufbewahrt hält es sich mindestens 1 Woche.

Lavendelsalbe (Anti-Aging-Nachtcreme)

Zutaten:

10 g getrocknete Lavendelblüten
50 g Lanolin anhydricum (aus der Apotheke)
10 ml Blütenöl (z. B. Johanniskraut-Öl)
einige Tropfen Duftöl (z. B. Rose)

Zubereitung:

1. Die Lavendelblüten in 100 ml Wasser bei aufgelegtem Deckel 15 Minuten lang bei geringer Hitze köcheln lassen. Danach absieben und 40 ml abmessen.
2. Lanolin in eine Schüssel geben, im Wasserbad schmelzen und den heißen Lavendelsud (40 ml) einrühren.
3. Das Blütenöl zufügen, die Schüssel aus dem Wasserbad nehmen und die Masse so lange rühren, bis sie erkaltet.
4. Kurz bevor die Salbe fest wird, das Duftöl zugeben.
5. Die Salbe in Gefäße abfüllen und bis zur Verwendung kühl aufbewahren.

Lavendel-Deo-Creme

Zutaten:

3 TL Kokosöl (Bio-Qualität)
2 gestr. TL Natron
2 gestr. TL Speisestärke
5 Tropfen ätherisches Lavendelöl

Zubereitung:

1. Natron und Stärke mischen, flüssiges Kokosöl hinzufügen. Die Konsistenz sollte nicht zu flüssig sein.
2. Gut verrühren, bis eine cremige Paste entstanden ist.
3. Ätherisches Öl für frischen Duft zufügen und in einen Cremetiegel einfüllen.

Lavendelbad

Machen Sie es wie die alten Römer (siehe Seite 8) und genießen Sie hin und wieder ein entspannendes Lavendelbad – das ist Wellness pur. Dazu kochen Sie 1 große Handvoll getrocknete Lavendelblüten in 1 Liter Wasser auf. Den Aufguss ca. 10 Minuten ziehen lassen, abgießen und dem Badewasser hinzufügen.

Nach dem Bad (15 Minuten bei 37 °C) ohne abzutrocknen, nur in Handtücher oder einen Bademantel gewickelt, ins Bett legen und mindestens 1 Stunde ruhen.

Variante für Eilige

5 bis 10 Tropen Lavendelöl mit 1 EL süßer Sahne vermischen und zum Badewasser geben. Dieses Bad

- hilft beim Einschlafen;
- sorgt für Ruhe bei Erschöpfungszuständen infolge von Stress oder Burnout;
- wirkt unterstützend bei der Behandlung von funktionellen Kreislaufstörungen.

Lavendel-Massageöl

Das Lavendelöl regt die Durchblutung an. Es löst Muskelverspannungen und lindert rheumatische Beschwerden. Zudem aktiviert es die Lymphe und hilft bei der Entschlackung und Entgiftung des Körpers.

Zubereitung:
5 Tropfen ätherisches Lavendelöl mit 25 ml Trägeröl (Mandel-, Oliven- oder Hanföl) mischen und zum Massieren verwenden.

Anwendung:
Eine sanfte Rückenmassage mit Lavendel-Massageöl entspannt und fördert einen guten Schlaf. Aber auch eine Gesichts- oder Fußmassage wirkt wahre Wunder! Leicht und beschwingt bewältigen Sie so Ihren Alltag und vergessen Ihre Sorgen.

Lavendelöl

In der Küche eignet sich Lavendelöl besonders für Soßen, Salat und zum Würzen oder Anbraten von Lamm oder Geflügel. Hervorragend schmeckt es auch zu Käse oder Ziegenfrischkäse. Lavendelöl verleiht zudem Desserts eine elegante Note. Die zur Herstellung notwendigen Zutaten sowie Herstellungshinweise finden Sie auf Seite 30.

Lavendelbrot im Blumentopf

Zutaten:

4 neue Tonblumen-töpfe (12 cm)
1 TL frische Lavendelblüten
10 g Salz
500 g Dinkelmehl (Type 630)
50 g Sauerteig
10 g Hefe
1 EL Balsamico-Essig
ca. 250 ml Wasser, lauwarm
Butter
Semmelbrösel

Zubereitung:

1. Die Tonblumentöpfe wässern.
2. Die Lavendelblüten zusammen mit dem Salz mörsern.
3. Aus Salz, Mehl, Sauerteig, Hefe, Essig und Wasser einen Brotteig herstellen und ruhen lassen (15 bis 20 Minuten).

4. Die Tontöpfe gut mit Butter einfetten und mit Semmelbröseln ausstreuen.
5. Aus dem Teig vier Kugeln formen, in die Töpfe geben und noch einmal einige Zeit gehen lassen.
6. Den Backofen auf 200 °C vorheizen und die Brote ca. 40 Minuten backen (Garprobe machen!).

Lavendelpfannkuchen mit Aprikosenmarmelade

Zutaten:

20 g Butter
5 Eier
250 g Mehl
250 ml Milch
200 ml Mineralwasser
1 Prise Salz
1 EL Zucker
1 EL Vanillezucker
Abrieb von einer ½ Zitrone
Aprikosenmarmelade, Aprikosen, Lavendelblüten nach Geschmack

Zubereitung:

1. Die Butter zerlassen.
2. Die Eier trennen und das Eiweiß steif schlagen.
3. Aus Eigelb, Mehl, Milch, Mineralwasser, Salz, Zucker, Vanillezucker und Zitronenabrieb einen glatten Teig herstellen.
4. Zum Schluss vorsichtig den Eischnee und die Butter unterheben.

5. In einer Pfanne Pflanzenöl erhitzen und portionsweise kleine runde Pfannkuchen ausbacken.
6. Mit der Aprikosenmarmelade bestreichen, stapeln, mit Aprikosen belegen und mit Lavendelblüten garnieren.

Lavendel-Tomaten-Suppe

Am besten reichen Sie zu dieser schmackhaften Suppe Weißbrot oder Baguette.

Zutaten:

1 Zwiebel
1 Knoblauchzehe
3 EL Olivenöl
500 g Tomaten
250 ml Gemüsebrühe
1 Lavendelzweig
etwas Zitronen- oder Limettenabrieb
1 Prise Zucker
Salz
Cayennepfeffer
100 ml süße Sahne (geschlagen) oder Crème fraîche

Zubereitung:

1. Die Zwiebel und die Knoblauchzehe klein hacken, im Olivenöl anschwitzen.
2. Die klein geschnittenen Tomaten hinzufügen und kurz andünsten. Mit der Gemüsebrühe ablöschen.
3. Die Blätter vom Lavendelzweig zupfen, klein schneiden, in die Suppe geben und diese 15 Minuten köcheln lassen.

4. Danach die Suppe mit den Gewürzen abschmecken, passieren und mit Sahne beziehungsweise Crème fraîche sowie Lavendelblüten garniert servieren.

Lavendelsalz

Lavendelsalz verleiht Ihren Gerichten ein exquisites Aroma. Besonders gut passt es zu Fleisch wie Pute, Hähnchen, Lamm, Wild, Rind oder Schwein.

Auch Fisch, Muscheln, Kartoffeln, Salate, Gemüse, Reisgerichte oder Nudeln erhalten eine elegante Note. Hervorragend schmeckt es darüber hinaus zu Käse.

Zutaten:

10 g frische Lavendelblüten
100 g Ursteinsalz

Zubereitung:

1. Die Lavendelblüten fein schneiden oder mörsern.
2. Anschließend Salz und Lavendel gut miteinander mischen.
3. Das Lavendelsalz zum Trocknen auf Backpapier schütten und so lange an der Luft stehen lassen, bis es völlig trocken ist. Alternativ kann es auch bei max. 40 °C im Backofen oder im Dörrgerät getrocknet werden.
4. In Schraubgläser abfüllen. Kühl und dunkel lagern.

Süße Lavendelbutter

Zutaten:
½ EL frische Lavendelblüten
3 Pfefferkörner (rosa oder schwarz)
125 g Butter
½ bis 1 TL Honig
etwas Zitronen- oder Limettenabrieb
1 TL Rosenwasser (optional)
1 Prise Salz

Zubereitung:
1. Die Lavendelblüten sehr fein schneiden, den Pfeffer mörsern.
2. Die zimmerwarme Butter mit den Gewürzen schaumig rühren und dekorativ in einer Schüssel anrichten oder in Frischhaltefolie zu einer Rolle geformt im Kühlschrank einige Stunden durchziehen lassen.
3. Vor dem Servieren mit Lavendelblüten verzieren.

Lavendelbutter für Feinschmecker und Genießer

Zutaten:

½ EL frische Lavendelblüten
1 Zweig Thymian
125 g Butter
1 Bio-Orange
Cayennepfeffer
Salz

Zubereitung:

1. Lavendelblüten und Thymian sehr fein schneiden.
2. Die zimmerwarme Butter schaumig rühren. Etwas Orangenabrieb, 1 bis 2 EL Orangensaft (frisch gepresst) sowie die Gewürze untermischen und abschmecken.
3. In einer Schüssel dekorativ mit Lavendel und Thymian anrichten und einige Stunden im Kühlschrank durchziehen lassen.

Vier-Räuber-Essig

Der Vier-Räuber-Essig ist legendär und es haben sich zahlreiche unterschiedliche Rezepte überliefert. Dieses ergibt einen sehr feinen Kräuteressig für Salate.

Zutaten:

1 Lavendelblütenstängel
1 Zweig Salbei
1 Zweig Rosmarin
1 Zweig Thymian
250 ml Essig (Weißwein/ Balsamico, weiß oder Apfel)

Zubereitung:

1. Die Kräuter in eine verschließbare Flasche geben und mit dem Essig übergießen.
2. Den Ansatz 2 bis 3 Wochen ziehen lassen.

Die Vier-Räuber-Essig-Legende

Als um das Jahr 1720 in der Stadt Marseille die Pest wütete, gab es vier unerschrockene Räuber, die in die Häuser der Pesttoten einbrachen und alles Wertvolle raubten, ohne selbst zu erkranken. Bei ihrer Festnahme versprach der Rat der Stadt, dass man ihnen Straffreiheit gewähren würde (zu dieser Zeit wurden Raub und Plünderung mit der Todesstrafe geahndet), wenn sie ihr Geheimnis preisgäben. Daraufhin verrieten sie ihr Rezept für einen Essig mit vier Kräutern (Lavendel, Salbei, Rosmarin, Thymian, manchmal fügte man auch noch Knoblauch hinzu), mit dem sie sich einrieben und den Mund ausspülten.

Lavendelessig

Dieser Lavendelessig passt besonders gut zu Kartoffelsalaten und Fischsoßen.

Zutaten:

2 bis 3 frische Lavendelblütenstängel
1 Flasche hochwertiger Weißweinessig

Zubereitung:

1. Die Lavendelstängel in den Weißweinessig geben.
2. Den Ansatz 2 Wochen ziehen lassen.

Lavendellikör

Zutaten:

15 Lavendelblütenstängel
100 g weißer Kandis
1 Nelke
1 Pimentkorn
etwas Zimt
1 Stück Vanilleschote
2 Zitronenscheiben
1 l Wodka

Zubereitung:

1. Sämtliche Zutaten in ein geeignetes verschließbares Gefäß geben und mit dem Wodka aufgießen.
2. Den Ansatz 6 bis 9 Monate ziehen lassen und ab und zu schütteln.
3. Dann abseihen und in Flaschen füllen.
4. Einige Zeit nachreifen lassen.

Lavendelsirup

Der Sirup ist etwa 1 Jahr haltbar.

Zutaten:

1 l Wasser	3 Zitronen
1 kg Zucker	ca. 50 Lavendelblütenköpfe

Zubereitung:

1. Das Wasser zum Kochen bringen und den Zucker darin auflösen.
2. Die Mischung erneut zum Kochen bringen, einige Minuten ziehen lassen, dann vom Herd nehmen.
3. Nach dem Abkühlen den Saft von 2 Zitronen untermischen. Die verbleibende Zitrone in Scheiben schneiden und mit den Lavendelblütenköpfen ebenfalls zugeben.
4. Das Ganze 2 bis 3 Tage ziehen lassen, danach absieben.
5. Den Sirup erhitzen und in heiß ausgespülte Flaschen abfüllen.

Lavendelhonig

Dieser Honig ist sehr gut zum Süßen eines beruhigenden Tees am Abend geeignet. Eine beliebte Spezialität der Provence ist „Echter Lavendelhonig“, der natürlich von Bienen aus der Provence stammt – ein Geschenk des Himmels!

Zutaten:

1 gut verschließbares Glas mit weitem Hals
Honig
Lavendelblüten

Zubereitung:

1. Das Glas locker mit Blüten füllen und flüssigen Honig darüber gießen, bis das Glas voll ist.
2. Vor dem Verzehr 6 Wochen lang ziehen lassen.

Zitronenkuchen mit Lavendel

Zutaten:

Für den Teig:

200 g Butter
200 g Zucker
2 Eier
1 Prise Salz
1 EL Zitronenabrieb
1 TL getrocknete Lavendelblüten
300 g Mehl
2 TL Backpulver
200 ml Milch

Für die Glasur:

100 g Zucker
100 ml frisch gepresster Zitronensaft
1 TL Zitronenabrieb
½ TL getrocknete Lavendelblüten

Zubereitung:

1. Die Butter mit dem Zucker und den Eiern schaumig rühren. Das Salz, den Zitronenabrieb und die Lavendelblüten zugeben.
2. Das Mehl mit dem Backpulver vermischen und abwechselnd mit der Milch unter die Schaummasse rühren.

3. Den Teig in eine gefettete Kastenform (22 x 12 x 7 cm) füllen und glatt streichen.
4. Im vorgeheizten Backofen bei 180 °C ca. 1 Stunde backen (Stäbchenprobe!). Die Glasurzutaten (Zucker, Zitronensaft und -abrieb) in einem Topf vermischen, die Lavendelblüten zwischen den Fingern zerreiben und zufügen.
5. Das Ganze unter Rühren aufkochen und vom Herd nehmen, sobald der Zucker gelöst ist.
6. Den Kuchen mit einem Zahnstocher mehrfach anstechen und die Glasur darüber gießen.
7. Den fertigen Kuchen etwas abkühlen lassen, aus der Form nehmen und vor dem Servieren am besten 10 bis 12 Stunden ruhen lassen.

Sommerkekse mit Lavendelblütenzucker

Zutaten:

Für den Teig:

250 g Mehl
250 g Butter
150 g Zucker
250 g Mandeln
1 Ei

Für den Lavendelblütenzucker:

1 EL frische oder getrocknete Lavendelblüten
100 g Zucker

Zubereitung:

1. Die Zutaten zu einem glatten Teig verkneten, mindestens 30 Minuten kalt stellen.
2. Den Backofen auf 180 °C vorheizen.
3. Den Teig zu 3 cm dicken Rollen formen und in 5 mm dicke Scheiben schneiden. Alternativ: Den Teig ausrollen und Plätzchen ausstechen.
4. Die Teiglinge auf ein gefettetes Backblech legen und ca. 20 Minuten goldgelb backen.

5. Die Kekse nach dem Backen mit Blütenzucker bestäuben. Dazu den Zucker mit den Blüten mahlen (neben Lavendelblüten eignen sich auch Holunder-, Rosen- und Veilchenblüten).

Lavendelkekse

Zutaten:

150 g Butter
100 g Zucker
1 Ei
175 g Mehl
1 EL frische Lavendelblüten

Zubereitung:

1. Die Butter und den Zucker schaumig rühren, das Ei zufügen und unterrühren.
2. Anschließend das Mehl sowie die klein geschnittenen Blüten unterheben.
3. Zwei Bleche mit Backpapier auslegen und den Teig löffelweise als kleine Häufchen daraufsetzen.
4. Die Kekse bei 170 °C ca. 15 Minuten goldbraun backen.
5. Mit frischen Blüten dekorieren und zum Tee servieren.

Lavendelpralinen

Zutaten:

100 g süße Sahne
1 TL getrocknete Lavendelblüten
200 g weiße Kuvertüre
100 g Zartbitterschokolade
etwas Limettenabrieb
200 g Zartbitterkuvertüre
frische Lavendelblüten (Deko)

Zubereitung:

1. Die Sahne mit den getrockneten Lavendelblüten aufkochen, ziehen lassen und absieben.
2. Die weiße Kuvertüre und die Zartbitterschokolade auflösen, zusammen mit dem Limettenabrieb und der Sahne verrühren.
3. Die Masse in Pralinen- oder Silikonförmchen gießen und im Kühlschrank abkühlen lassen.
4. Die Zartbitterkuvertüre schmelzen und die Pralinen damit überziehen, mit frischen Lavendelblüten dekorieren.

Lavendel-Pfirsich-Marmelade

Zutaten:

ca. 1,2 kg frische Pfirsiche
1 EL frische Lavendelblüten
½ Bio-Zitrone (Saft und Abrieb)
½ Vanilleschote
1 kg Gelierzucker

Zubereitung:

1. Die Pfirsiche waschen, entsteinen und klein schneiden (1 kg abwiegen).
2. Die Lavendelblüten ebenfalls zerkleinern.
3. Die Zitrone waschen, die Schale abreiben, den Saft aus der Frucht pressen.
4. Das Mark der Vanilleschote auskratzen.
5. Alles zusammen mit dem Gelierzucker in einem großen Topf vermischen und einige Stunden ziehen lassen.
6. Dann sprudelnd unter ständigem Rühren (brennt leicht an) 4 Minuten kochen.
7. Sofort in saubere Schraubgläser füllen und gut verschließen.

Lavendel-Apfel-Gelee

Zutaten:

3 EL Lavendelblüten
500 ml Wasser
500 ml Apfelsaft
1 Zitrone (Saft und Abrieb)
1,25 kg Gelierzucker
frische Lavendelblüten

Zubereitung:

1. Die Lavendelblüten mit dem kalten Wasser übergießen und zum Kochen bringen. Abgedeckt mindestens 15 Minuten ziehen lassen. Danach absieben und mit Apfel- und Zitronensaft sowie -abrieb mischen.
2. Nach dem Erkalten das Saftgemisch mit dem Gelierzucker zu Gelee verarbeiten – Gelierprobe durchführen!
3. Beim Einfüllen in die Gläser nach Geschmack frische Lavendelblüten zufügen.

LAVENDELSTAB/-ZEPTER

Benötigtes Material:

21 Lavendelblütenstängel (oder eine andere ungerade Anzahl) ohne Blätter, möglichst lang

1,5 bis 2 m dünnes Satinband

Schere

Vorgehensweise:

1. Die Blüten dicht an dicht zu einem Sträußchen legen und fest mit dem Satinband unterhalb der Blütenrispen abbinden.
2. Nun die Stiele unterhalb der Bindung vorsichtig über die Blüten nach unten biegen.
3. Die Stiele gleichmäßig um die Blüten verteilen, dann mit dem Satinband zu weben beginnen. Das heißt, Sie führen

das Band über den ersten Stiel, dann unter dem nächsten durch und so weiter. Durch die ungerade Zahl wechseln Sie automatisch in die nächste Runde. Das ist zunächst etwas knifflig, aber dann wird es immer einfacher. Achtung: Das Band gut festziehen, da beim Trocknen der Lavendel schwindet.

4. Sobald die Blüten nicht mehr zu sehen sind, das Band zu einer Schleife binden und fest anziehen.
5. Mit der Schere die Stiele kürzen. Fertig ist ein dekorativer Stab.

Einfach gebundener Stab

Für diese Variante die Blüten eng aneinanderlegen und abbinden. Dann die Stiele umbiegen und ohne Weben fest zu einer Schleife binden.

Genehmigte Lizenzausgabe
tosa GmbH
Industriestraße 19
64407 Fränkisch-Crumbach 2021
www.tosa-verlag.de

Idee und Projektleitung: Sonja Sammüller
Redaktion: Andreas Ehrlich
Layout, Satz und Umschlaggestaltung:
design cat GmbH

ISBN 978-3-86313-085-5

Bildnachweis:
Shutterstock: Africa Studio 32; aliasemma 47; Alita Xander 12; aniana 12, 16; Anna_Pustynnikova 55; arigato 24, 31, 35, 49, 63; artem evdokimov 53; Art-Syslik 30; Botanical Watercolor Cover, U2; Chamille White 24, 25, 26; Cora Mueller 4; De Focus 21; Diana Taliun 29; Dn Br U3, 2–30, 32–48, 50–63; Edith Frincu 57; fizkes 22; Galina_Lya 38; geraria Cover, 1; grafvision 23; Halil ibrahim mescioglu 9; Hisahi_TYO 63; ILEISH ANNA 46; images72 44; iva 34; KanphotoSS 12; Karen Sanders Studio 43; Kotkoa 7; Luca Santilli 37; Lumixera 49; Lynn Yeh 1, 14; Lyudmila Mik hailovskaya 41; MADDRAT 2–30, 32–48, 50–64; Madele 61; marco mayer 59; Marina VN Cover, 6; Morphart Creation 10; Mynameislisenok 58; New Africa 19, 27; OHishiapply 2; Olga Bondarenko 39; PHOTOCREO Michal Bednarek 18; pilipphoto 28; PurpleBird 3, 5, 7, 12, 15, 17, 19, 25, 32, 37, 62; Richard Karl Gregg 15; Rimma Bondarenko 51; Soho A Studio 11; Stefanie Keller 52; Tero Vesalainen 20; umiko 3, 5, 13, 17, 23, 39, 45, 47, 51; viki2win 50; Vitalina Rybakova 48;

Alle weiteren Bilder: design cat GmbH